MEU LIVRO SECRETO

É PROIBIDO ABRIR!

GRUPO MAGIC

Se você está lendo isto, significa uma destas coisas:

1 Você não é o dono deste livro, portanto, **NÃO LEIA!**

2 Você provavelmente é uma menina! **FECHE ESTE LIVRO AGORA!**

PERIGO
NÃO ULTRAPASSE

Cuidado! Este sou eu quando estou bravo!

[foto]

CUIDADO
CAIA FORA

ALGUMAS COISAS SOBRE MIM

Gosto de ser chamado de:

....

Se pudesse, mudaria meu nome para:

....

O que eu mais gosto de assistir é:

....

Uma comida que não suporto é:

....

Minha frase predileta:

....

COISAS IRADAS
QUE CURTO FAZER

1. ....
2. ....
3. ....
4. ....
5. ....

COISAS CHATAS
QUE DETESTO FAZER

1 ....
2 ....
3 ....
4 ....
5 ....

Minhas Bandas Prediletas

1. ....
2. ....
3. ....
4. ....
5. ....

Meus esportes favoritos

1. ....
2. ....
3. ....
4. ....
5. ....

MEU TIME DO CORAÇÃO

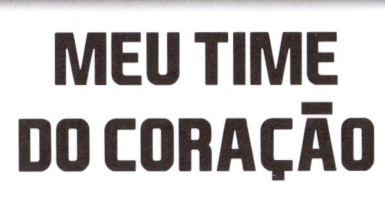

Eu torço para

....

Um jogo que eu jamais vou esquecer foi:

.... X ....

Meu time

ganhou ( )   perdeu ( )

O meu jogador favorito é

....

Uma foto minha com
a camisa do meu time:

[foto]

Por que eu torço para esse time?

....
....

E AÍ, DIÁRIO?

___/___/_____

Hoje...
_____
_____
_____
_____
_____
_____
_____
_____

LUGARES QUE VOU CONHECER UM DIA

1 ....
2 ....
3 ....
4 ....
5 ....

UMA VIAGEM IRADA

A melhor viagem que já fiz até agora foi para
_____

Lá eu fiz várias coisas, como
_____
_____
_____

Foram comigo:
_____
_____
_____

CARROS

Meu carro favorito é

_____

Gosto dele porque

_____

_____

A cor que mais combina com este carro é

_____

MOTOS

Minha moto favorita é

_____

Gosto dela porque

_____

_____

A cor que mais combina com esta moto é

_____

E AÍ, DIÁRIO?

___/___/_____

Hoje...
_____
_____
_____
_____
_____
_____
_____
_____

QUIZ

O que mais combina comigo?

carro
ou
moto

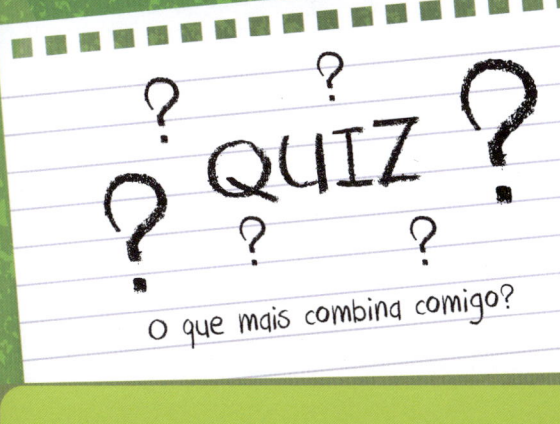

viagem
ou
parque de diversões

tênis
ou
sapato

☐   ☐

calça
ou
bermuda

☐   ☐

livro físico
ou
livro digital

☐   ☐

PIADAS

uma piada que eu gosto:

....
....
....

Uma piada que eu inventei:

....
....
....

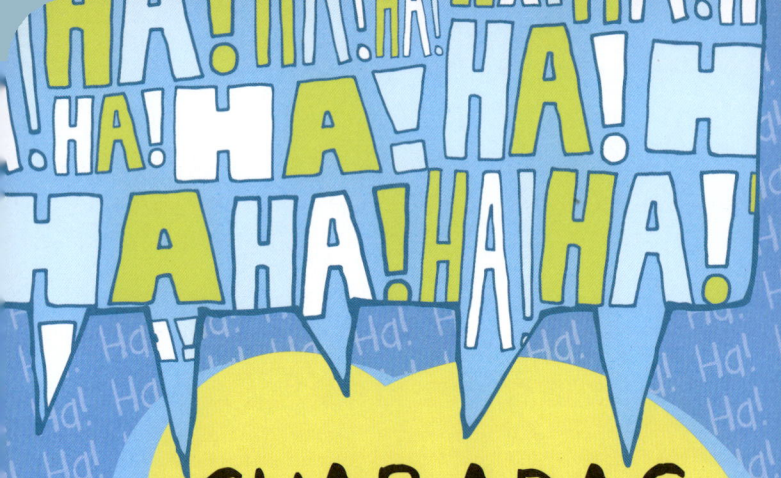

CHARADAS

Uma charada que eu gosto:
....
....
....

Uma charada criada por mim:
....
....
....
....

E AÍ, DIÁRIO?

___/___/_____

Hoje...
_____
_____
_____
_____
_____
_____
_____
_____

QUE MEDO, QUE NADA!

Eu sou muito corajoso! Mas existe algo que mexe comigo...

....

....

....

....

Meus animais prediletos

1 ....
2 ....
3 ....
4 ....
5 ....

COISAS QUE FAÇO MUITO BEM

Sou muito bom em

....

Algo que me faz sentir orgulho de mim mesmo é

....

Uma coisa que eu gosto, mas não sou tão bom, é
....

O que eu preciso aprender a fazer melhor é
....

AMIGOS

Os meus melhores amigos são:

....

Sei que posso contar com eles porque

....

....

Uma coisa que nunca contei
para eles é que

....

....

MONTANDO MEU TIME

Se eu fosse montar um time de futebol com meus amigos, escolheria:

....

....

Por quê?

....

....

....

....

JOGANDO PARA ESCANTEIO

Quem eu não colocaria no meu time: ....

....

....

Por quê? ....

....

....

....

....

SE...

Se eu ficasse invisível por um dia,
_____
_____

Se eu pudesse voar, com certeza
_____
_____
_____
_____

Se eu tivesse superpoderes, o meu poder especial seria _____

Eu o usaria para _____, e assim eu conseguiria _____.

E AÍ, DIÁRIO?

___/___/_____

Hoje...
_____
_____
_____
_____
_____
_____
_____
_____

Pessoas que são um exemplo para mim

1
_____
Motivo: _____
_____
_____

2 _____
Motivo: _____
_____

3 _____
Motivo: _____
_____
_____

4 _____
Motivo: _____
_____
_____

GAMES

O que mais curto em jogar videogame
é que _____.

Meu jogo predileto é
_____.

O tipo de jogo que mais gosto é
_____.

Se eu pudesse entrar em um game,
entraria no _____.

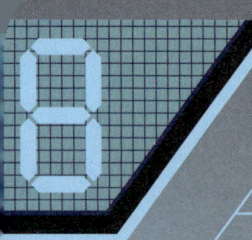

COISAS QUE NÃO CURTO QUANDO ESTOU JOGANDO

Eu detesto quando estou jogando e

_____.

Fico muito bravo se alguém

_____.

Por que sempre que eu estou jogando

_____???

FICA A DICA

Existem algumas pessoas para quem
eu queria dar aquela DICA já faz um tempo.

Nome: _____

Fica a dica: _____
_____

Nome: _____

Fica a dica: _____
_____

Nome: _____

Fica a dica: _____
_____

DICA PARA MIM MESMO

A dica que dou para mim mesmo é

E AÍ, DIÁRIO?

___/___/_____

Hoje...
_____
_____
_____
_____
_____
_____
_____
_____

Sonhando alto

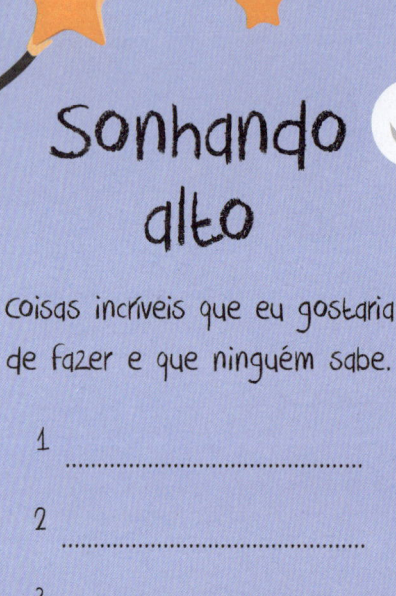

Coisas incríveis que eu gostaria de fazer e que ninguém sabe.

1 ....
2 ....
3 ....
4 ....
5 ....

FRASES QUE EU COLOCARIA NA PORTA DO MEU QUARTO

( ) Não perturbe.

( ) Dê meia volta e caia fora.

( ) Você não tem algo mais interessante para fazer?

( ) Bem-vindo ao meu quarto!

( ) Respire fundo e prepare-se!

SE...

Se eu ganhasse na loteria,
_____
_____
_____
_____
_____
_____.

Se eu fosse presidente do país, _____
_____
_____
_____.

Se eu pudesse ser outra pessoa, gostaria de ser _____ porque ele(a) é _____, e eu poderia fazer _____
_____
_____
_____.

Uma mensagem para os adultos

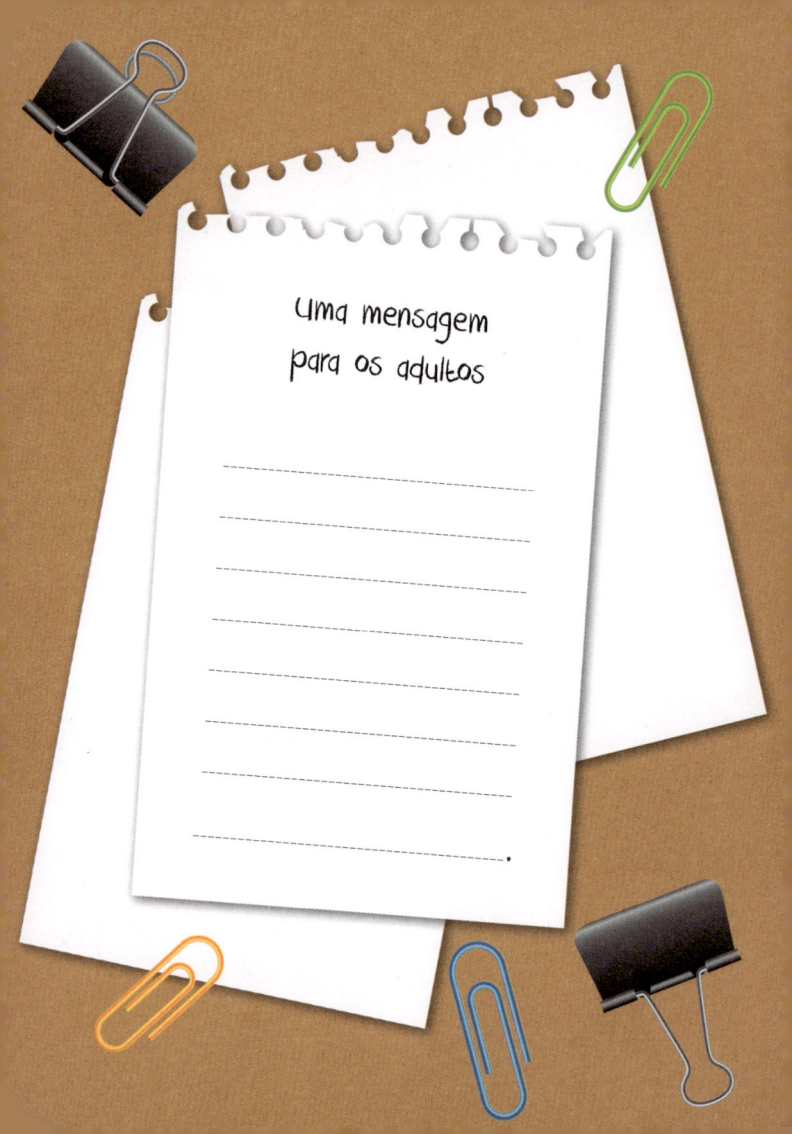

_____
_____
_____
_____
_____
_____
_____.

Vantagens de ser um garoto

1 ....
2 ....
3 ....
4 ....
5 ....

O que eu mudaria nos adultos

1 ....
2 ....
3 ....
4 ....
5 ....

E AÍ, DIÁRIO?

___/___/_____

Hoje...
_____
_____
_____
_____
_____
_____
_____
_____
_____

PROFISSÕES
que eu admiro muito

1 ....
2 ....
3 ....
4 ....
5 ....

PROFISSÕES
que deveriam ser inventadas

1 ....
2 ....
3 ....
4 ....
5 ....

MENSAGEM PARA MIM MESMO